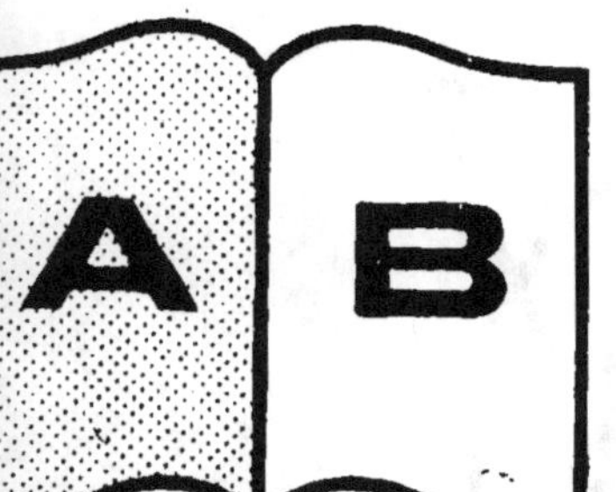

Contraste insuffisant
NF Z 43-120-14

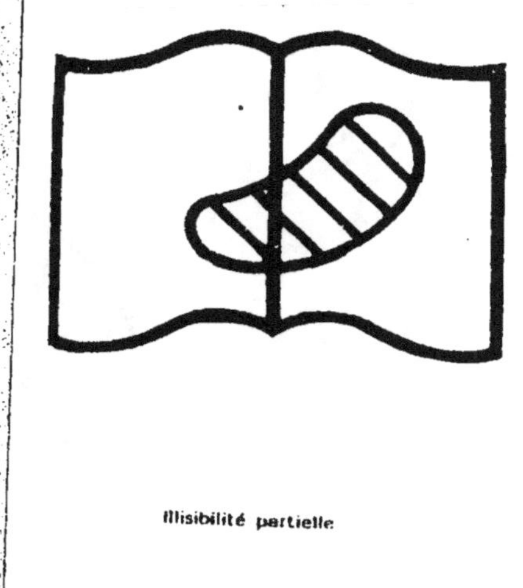

Illisibilité partielle

Valable pour tout ou partie
du document reproduit

Couvertures supérieure et inférieure
en couleur

LES BIENHEUREUX

DE

L'ABBAYE DE SAVIGNY

COMPLÉTANT

SAINT VITAL & L'ABBAYE DE SAVIGNY

PAR

HIPPOLYTE SAUVAGE

Officier de l'Instruction Publique
Avocat à la Cour d'Appel, ancien Maire et ancien Magistrat

(PREMIÈRE ÉDITION)

MORTAIN

IMPRIMERIE ARMAND LEROY

Grande-Rue et près l'Église

1890

LES BIENHEUREUX

DE

L'ABBAYE DE SAVIGNY

LES
BIENHEUREUX

DE

L'ABBAYE DE SAVIGNY

COMPLÉTANT

SAINT° VITAL & L'ABBAYE DE SAVIGNY

PAR

HIPPOLYTE SAUVAGE

Officier de l'Instruction Publique
Avocat à la Cour d'Appel, ancien Maire et ancien Magistrat

MORTAIN

IMPRIMERIE ARMAND LEROY

Grande-Rue et près l'Eglise

—

1896

LETTRE

ADRESSÉE A L'AUTEUR

PAR MONSEIGNEUR GERMAIN

ÉVÊQUE DE COUTANCES & AVRANCHES

Coutances, le 13 Juin 1895.

MONSIEUR,

Vous avez voulu compléter, par votre étude sur les **Bienheureux de l'Abbaye de Savigny,** *celle que vous avez déjà consacrée à S. Vital.*

Je suis heureux de vous adresser de nouveau mes félicitations avec l'expression de ma gratitude. Les efforts que vous avez tentés pour faire connaître et honorer les saints religieux qui illustrèrent autrefois le célèbre monastère, ne sauraient, en effet, me laisser indifférent. Je m'associe à cette œuvre de glorification et je la bénis de tout cœur.

Agréez je vous prie, Monsieur, l'assurance de mes sentiments reconnaissants et dévoués.

† ABEL, Ev. de Cout. et Av.

PRÉFACE

—

Dans une première étude sur *Saint Vital et l'Abbaye de Savigny*, nous n'avons eu qu'un but unique, celui de reconstituer l'existence historique de l'un des orateurs sacrés les plus éloquents et les plus éminents qu'ait jamais produit la province de Normandie. Nous avons désiré, par-dessus tout, faire connaître l'un des missionnaires d'élite qui, répondant aux puissants appels du Pape Urbain II, dans le concile de Clermont de l'an 1095, se fit l'un des apôtres de la première Croisade, et sut entraîner dans la guerre sainte les populations enthousiasmées, par un élan irrésistible. Le rôle merveilleux qu'accomplit saint Vital dans ces circonstances, était resté ignoré jusqu'à nous ; aussi nous avons été heureux d'en pouvoir faire la révélation complète. Nous avons pu parler également de ses grandes œuvres ; de l'édification d'une vaste église collégiale à Mortain ; et surtout de la fondation de la célèbre abbaye de Savigny, qui fut chef d'ordre et la mère de près de quarante monastères. Comme on le voit, l'influence de saint Vital fut immense et salutaire.

Mais notre publication n'a pas eu la prétention de constituer une œuvre de dévotion proprement dite. Bientôt cette lacune sera réparée, espérons-le, et nos lecteurs, dans une traduction de sa vie, composée au XII° siècle, par Etienne de Fougères, évêque de Rennes, l'auteur déjà connu de la vie de saint Guillaume Firmat, patron de l'église de Mortain, auront alors toute possibilité de se rendre compte par eux-mêmes de la piété, des vertus et de la sainteté de celui qui fut l'honneur de nos contrées et dont le nom y provoque toujours le respect et la vénération la plus profonde. Cette promesse, de notre part, aura une solution prochaine, n'en doutons pas ! (1)

Cependant, il faut le reconnaître, comme une justice, saint Vital fut grandement secondé dans sa mission divine. Il eut des compagnons nombreux qui lui donnèrent de légitimes motifs de satisfaction et lui firent verser des larmes abondantes de joie. Sainte Adeline, qui fut sa propre sœur, saint Geofroy, saint Guillaume, saint Pierre d'Avranches et saint Hamon, qui le connurent ou qui purent l'apprécier, et qui lui ont formé une véritable couronne et comme une auguste auréole de bienheureux autour de lui, ont grandement, de leur côté, contribué à l'édifice de sa célébrité et à répandre, dans un immense rayon, la renommée de Savigny.

Ce nous est donc un devoir, doux à remplir, de faire connaître aujourd'hui chacun de ces personnages, restés au deuxième plan. Cela nous est

_____

(1) Nous avons en ce moment cette traduction sous les yeux ; le manuscrit en sera remis incessamment à l'éditeur.

d'autant plus agréable que nous avons été encouragé par la découverte de documents absolument nouveaux et restés inédits jusqu'à ce moment, mais qui, nous en avons la certitude, seront dans quelques années mis à la disposition des lettrés (1). Nous avons pu également mettre à profit trois biographies publiées dans les *Analecta Bollandiana*, mais écrites en latin. Elles ne pouvaient rien apprendre à nos populations des campagnes, qui ignorent cette langue ; d'ailleurs les publications trop volumineuses de ces collections ne sauraient avoir rien de populaire.

Avec nos petits livres, au contraire, nous parviendrons peut-être beaucoup mieux à obtenir le concours d'éloges et d'admiration que méritèrent toujours nos Bienheureux de Savigny, qui seront plus facilement appréciés et mieux connus.

Nous avons toute foi dans l'avenir.

(1) La société de l'Histoire de Normandie, dans sa séance du 6 janvier 1896, a décidé la publication de l'histoire de l'Ordre de Savigny, dont le manuscrit inédit compte 1264 pages. Le premier volume paraîtra prochainement.

CHAPITRE I.

SAINT GEOFROY

LA FAMILLE DE GEOFROY. — SON ÉDUCATION BRILLANTE.

Le bienheureux Geofroy (1) fut le 2ᵉ abbé de Savigny. Sa renommée égala celle de saint Vital, auquel il succéda immédiatement. L'historien anonyme de sa vie va même jusqu'à dire qu'il le surpassa en quelque sorte, puisqu'il mit la dernière main à l'établissement de la Congrégation de Savigny, que son prédécesseur n'avait fait qu'ébaucher. Il est certain qu'il fonda une plus grande quantité de monastères que Vital; mais le motif qui semble justifier l'appréciation de son hagiographe paraît être surtout l'étroite liaison qui exista entre Geofroy et l'illustre saint Bernard.

Nous ne tenterons pas de nous faire juge dans une pareille question : nous nous bornerons à faire l'exposé des faits et à faire ressortir ainsi les mérites de l'un comme de l'autre.

Geofroy naquit au château de Bayeux, vers l'année 1070. Son père, le chevalier Allain, était

(1) Gaufridus et Geosfredus. Vita B. Gauf. art. I.

alors gouverneur militaire de cette ville (1), qui, au point de vue des lois féodales de ce temps, se trouvait rangée sous l'autorité supérieure de l'évêque. Guillaume, son aïeul, s'était lui aussi signalé dans les armes, sous le Conquérant, et particulièrement à la bataille d'Hastings. Enfin, tous ses frères, au nombre de quatre, s'enrôlèrent dans la guerre sainte. Plus tard, ils se distinguèrent sous les rois d'Angleterre Henri Ier et Etienne (2). Tout permet donc de penser qu'il eût été accueilli avec faveur à la cour des souverains s'il s'y était présenté et s'il avait suivi la même carrière que ses aînés.

Mais son père et sa mère, d'un commun accord, l'avaient offert au Seigneur, au moment de sa naissance, comme un présent qui lui appartenait déjà. Dès ses premières années il fut remarqué par une piété insigne, et il donna des marques de prédestination à la sainteté (3). Il fut donc confié aux mains d'excellents maîtres. Non seulement il fit, sous leur direction, plus de progrès dans les sciences que ses compagnons et que ceux de son âge, mais il égala même, en peu de temps, ceux qui l'enseignaient, tout enfant qu'il était. Bientôt il fut envoyé à Paris, pour y terminer ses études. Il s'y appliqua avec une telle ardeur que, la grâce divine l'aidant, il excella en peu de temps dans la connaissance des arts libéraux et dans l'étude des belles-lettres. Mais il ne trouva de satisfaction vraie que dans les saintes écritures : la lecture des Pères

(1) Herman. *Hist. de Bayeux.*
(2) Math. Paris. Script. Angl. ad ann. 1138.
(3) Vit. B. Gauf. art. I.

de l'Eglise fit constamment sa joie. Il y puisa des principes d'une grande piété qui fut la règle fondamentale de sa vie (1).

PORTRAIT DE SAINT GEOFROY.

Son historien nous a fait son portrait.

« L'extérieur de saint Geofroy, dit–il, répondait
» aux belles qualités de son âme. Son port était
» plein de dignité, sa parole entraînante et persua-
» sive : il était toujours gai et agréable. Il avait la
» figure d'un ange (2), plutôt que d'un homme, et
» ses traits semblaient jeter des rayons de lumière
» par leur beauté. De plus, il était si bien fait de sa
» taille, et toutes les parties de son corps étaient si
» bien prises et proportionnées, qu'il devenait
» agréable à tous ceux qui jetaient les yeux sur
» lui (3). » En un mot, il réunissait dans sa personne toutes les formes attrayantes d'une beauté
sculpturale, qui lui eût valu des succès certains
dans le siècle. Aussi pouvait–on répéter de lui ce
qui a été dit de Joseph, qu'il était beau de visage,
grave et majestueux à voir, et que Dieu avait
répandu en lui une grande abondance de grâ-
ces (4). Saint Vital, au contraire, semblait avoir été
privé de pareils avantages physiques : on l'avait
surnommé *le petit abbé*, à cause de sa petite taille.

(1) Vit. B. Gauf. art. I. — *Chron. Savig.* — Rob. de Monte. —
Martyr Bened. — Cœnalis. De Reb. Galliæ.
(2) Erat incessu gravis, ore facundus, vultu angelicus, Vit. B. Gauf.
art. XI.
(3) D. Cl. Auvry. *Hist. de la Congr. de Savigny.*
(4) Genèse 39.

SON ENTRÉE DANS LE CLOITRE. — LES ABBAYES DE CERISY ET DE SAVIGNY.

En outre, Geofroy était d'une douceur extrême et d'une affabilité parfaite, qui lui avaient attiré une vénération extraordinaire non seulement parmi les pauvres et les personnes d'une condition moyenne, mais encore davantage parmi les riches et les grands du monde (1).

Cependant, après de très brillantes études, il renonça au monde et il voulut entrer dans un cloître. Son choix se porta sur l'abbaye de Cerisy, près de Bayeux, que le vénérable abbé Hugues de Troarn maintenait dans la discipline et la ferveur. Mais il n'y vint pas seul, car il avait, par persuasion, décidé l'un de ses condisciples et compatriotes, Serlon, surnommé de Vaubadon (2), lieu de sa naissance, à l'accompagner dans sa retraite et à se faire religieux comme lui. Ensemble, ils firent profession le même jour, aux mains de Hugues.

Quelques années plus tard, « quand le parfum des vertus florissantes à Savigny se fut répandu dans toutes les contrées voisines », l'un et l'autre obtinrent de l'abbé de Cerisy la permission de quitter cette maison et de se mettre sous la direction du bienheureux Vital (3). Celui-ci les accueillit avec joie dans sa communauté (4). Du reste, Geofroy mit

(1) Tanta erat in eo affabilitatis humilitas ut non solum apud pauperes et minores, sed magis penes divites et potentes, vir venerandæ auctoritatis habebatur. Vit. B. Gauf. art. VI.

(2) Vaubadon, commune du canton de Balleroy, arrondissement et à 13 kilomètres de Bayeux (Calvados). Population, 505 habitants.

(3) *Chron. Savig.*, p. 1. — Vit. B. Gauf. art. IX.

(4) *Suscepit gaudenter*. Vit. B. Gauf. art. X.

toute son application à prendre en tout ce père
vénéré pour le modèle de ses actions (1). Bientôt,
selon l'hagiographe, les deux nouveaux venus
firent l'édification de leurs frères. Sous la conduite
du fondateur de Savigny, ils devinrent « comme des
anges vivants en un corps mortel ». Geofroy et
Serlon devaient tour à tour succéder plus tard à
saint Vital dans la dignité abbatiale, et mériter,
ainsi que lui, le titre de Bienheureux.

Ces deux religieux éminents devaient en effet
donner à Savigny un éclat extraordinaire. Vital eut,
pour ainsi dire, la prescience de leurs destinées
futures, car Geofroy fut choisi par le saint pa-
triarche pour le seconder, dès l'année 1115, en
qualité de prieur, après la mort de Guillaume de
Vengeons. « Il fut dès lors, pour saint Vital, selon
l'expression de son historien, ce que saint Maur
avait été pour le grand saint Benoist. » Désigné
ainsi par Vital lui-même à ses religieux, il fut élu
d'une voix unanime pour succéder à un tel père,
lorsque Dieu l'eut appelé à lui.

APPLICATION DE SAINT GEOFROY A L'ORAISON

Simple religieux, prieur ou abbé d'un ordre mo-
nastique d'une grande importance, il fut d'une
application constante dans la pratique de la vertu.
Son secret nous a été révélé et nous croyons de
notre devoir de ne pas le tenir ignoré. « Saint Geo-

(1) *Vestigia B. Vitalis studebat humiliter imitari.* Vit. B. Gauf.,
id.

froi sut éviter les conversations oiseuses et inutiles.
Il consacrait tout son temps à la lecture, à la méditation et à l'oraison (1). » Sa continuité dans la prière et dans la contemplation des choses célestes était telle qu'il s'était fait une règle habituelle de réciter chaque jour le Psautier tout entier, sans distraction aucune, ni sans égarement d'esprit. De cette façon, et, pendant tout l'espace du temps qu'il employait à cette sainte œuvre, toute son attention, qu'on peut dire sans relâche, fut de ne penser qu'à Dieu et aux choses divines (2). La dévotion de Geofroy fut si extraordinaire pour cette sorte de prière, qu'il savait de mémoire les divins cantiques et son amour pour eux fut si grand, qu'il ne lui arriva que rarement de ne pouvoir réciter le Psautier tout entier, c'est-à-dire suivant les préceptes de l'apôtre qui nous ordonne (3) de nous entretenir de psaumes, d'hymnes et de cantiques spirituels, chantant et psalmodiant, du fond de nos cœurs, les louanges du Seigneur.

Tous les auteurs qui ont parlé de cet abbé sont unanimes à proclamer sa grande sainteté. Ils font de lui les plus grands éloges. Les uns disent qu'il a excellé en sainteté : *vitœ sanctitate excellens.* D'autres qu'il a été un saint homme : *vir sanctissimus.* Il est certain qu'il s'est rendu célèbre et qu'il a laissé une haute opinion de ses remarquables talents et de ses mœurs (4).

(1) Vit. B. Gauf., art. VI.
(2) Vit. B. Gauf. art. id.
(3) Ephes, V.
(4) Fuit sanctificatis opinione præclarus. — *Chron. Savig.,* p. 4. — Robert de Monte. Tract. de abbatib, — Cœnalis. De reb. gall. lib. II.

PRIEUR ET ABBÉ

Elu à l'unanimité abbé par la communauté en-
tière, Geofroy ne put se résoudre à accepter cette
délicate et éminente fonction. On fut même obligé
de lui arracher son consentement, en lui faisant en
quelque sorte une sainte violence. « On l'y invite,
par toutes espèces de raisons, dit son hagiographe,
mais il n'en écoute aucune : il refuse ; il résiste. On
le supplie ; il s'oppose aux supplications. On le
conjure et il tremble. Enfin, tout interdit de la violence qu'on lui fait, il acquiesce à ce qu'on exige de
lui, de peur de s'opposer à la volonté de Dieu (1) ».

Alors, une fois devenu supérieur de Savigny, il
mit toute son âme dans l'accomplissement de sa
mission sacrée : il voulut vivre avec une plus grande
perfection qu'il ne l'avait fait jusque-là. Ses religieux, parmi lesquels Osmond, Vivien, Evan,
Arraud, et surtout Serlon, son disciple fidèle et pré-
féré, applaudirent à ses intentions et secondèrent
ses désirs. Les austérités qu'ils s'imposèrent furent
jugées sévèrement dans le siècle et dans le monde
religieux. Ordéric Vital (2) se faisant l'interprète
de l'opinion publique, les blâma avec aigreur. Il les
condamna comme excessives et au-dessus des
forces humaines. Cependant une multitude consi-
dérable d'hommes appartenant à tous les rangs de
la société vinrent constamment se mettre sous la
discipline régulière de Savigny. Entre les plus dis-

(1) Electus advocatur, invitus resistit, rogatus contradicit, adjuratus
contremiscit, interdictus adquiescit. V. B. Gauf., art. XI.
(2) Ord. Vitalis. *Hist. Eccles.*, lib. VIII.

tingués, nous pouvons citer Richard de Courcy, qui depuis fut abbé du monastère, Henri de Linières, Guillaume de Milly et Roger, son frère, Raymond d'Avranches, camérier ou chambellan du roi Henri Ier, Pierre de l'Appenty, et par-dessus tous les autres Pierre d'Avranches et Hamon de Landa-chop, qui furent proclamés plus tard Bienheureux et dont nous reparlerons dans les chapitres suivants. Enfin, comme preuves incontestables que les observances de Savigny, si rigoureuses qu'elles aient été, furent approuvées généralement, ce sont les nombreux prieurés et abbayes que saint Geofroy fut appelé à créer en France, ainsi qu'en Angleterre, et qui prirent rang dans sa congrégation.

LES TRAVAUX DE SAINT GEOFROY.

Mais ce furent surtout les édifices de Savigny qui devinrent l'objet de sa sollicitude première.

En effet, l'église commencée par saint Vital n'avait pu être terminée ; elle avait été conduite par lui seulement jusqu'au jubé. Geofroy reprit les plans adoptés précédemment ; il fit donc construire la nef de l'oratoire, qui fut fort simple, et dans laquelle il n'employa que du bois de la forêt voisine. Aussi l'édifice menaça-t-il ruine cinquante ans plus tard et fallut-il bientôt jeter les fondations d'une autre église, plus vaste surtout, et répondant mieux aux besoins multiples du service religieux (1).

(1) Liber de miraculis S. S. Savigneii.

Une fois l'église achevée, Geofroy eut à cœur d'en faire la dédicace, sous l'invocation de la Très Sainte Trinité. Cette imposante cérémonie eut lieu le 10 mai 1124, sous la présidence du pieux Turgis, évêque d'Avranches, qui comptait déjà trente années de prélature, et dans la circonscription duquel était situé d'ailleurs le monastère. Ses assistants, au nombre de quatre, furent : Richard, évêque de Coutances, Richard de Bayeux, Jean de Séez et Hildebert du Mans (1). Ce même jour, plusieurs seigneurs entre lesquels Henri de Fougères, donnèrent des biens considérables à Savigny. Henri 1er, roi d'Angleterre, qui honorait l'abbé Geofroy d'une étroite amitié, et qui avait pour lui un attachement profond (2), leur en avait donné l'exemple, ainsi qu'Etienne, comte de Mortain et de Boulogne, qui plus tard devint le successeur du roi. Ces princes, afin de lui donner des témoignages intimes de la confiance qu'il leur inspirait, allèrent jusqu'à se faire eux-mêmes les fondateurs de plusieurs monastères qu'ils placèrent sous sa direction. (3).

LA CONGRÉGATION DE SAVIGNY.

En présence de ces libéralités sans cesse renaissantes, et de cet élan irrésistible qui se portait vers son œuvre sainte, — car saint Vital n'avait créé que trois monastères, et lui-même en avait inauguré

(1) Cartularium Savign. art. XX.
(2) Vita B. Gauf. art. XII.
(3) Cartæ spéciales regiæ Savigneii.

2.

dix-neuf, ce qui portait déjà le chiffre des maisons religieuses de l'ordre de Savigny à vingt-deux, — saint Geofroy fut presqu'effrayé. Ses monastères étaient fort éloignés les uns des autres, dispersés dans les provinces de la France, et même ceux qui se trouvaient en Angleterre étaient séparés de Savigny par les mers. Il craignit qu'un jour ils ne tombassent dans le relâchement et dans l'inobservance de la règle de saint Benoit, qu'ils avaient fait profession de garder avec la plus scrupuleuse exactitude. Ce saint abbé crut donc indispensable de s'imposer personnellement l'obligation de visiter ses maisons chaque année, afin d'y remédier aux faiblesses et aux abus qui pourraient s'y glisser, et de les affermir dans la pratique des bonnes œuvres et de la vertu. En outre, il établit des chapitres généraux dans sa congrégation, de telle sorte que tous les ans les abbés et les supérieurs des divers couvents de l'ordre devaient se réunir à Savigny même, durant trois jours et à la fête de la Sainte-Trinité.

En un mot, saint Geofroy fut un administrateur remarquable et un organisateur hors ligne. Saint Vital lui fut incontestablement supérieur pour l'éloquence sacrée, car il porta les talents de la parole à un degré suprême. La mission qu'ils avaient eue à remplir n'avait pas le même caractère. L'un avait dû se répandre au dehors, sollicité par les Souverains Pontifes eux-mêmes, pour prêcher la croisade et la guerre sainte, et faire rentrer aux sein de l'Eglise les peuples égarés. Vital s'était centuplé en

prédications entraînantes et irrésistibles. L'autre,
avec une grande onction et une sainte persuasion,
s'était limité et concentré dans l'enceinte et à l'abri
des cloîtres de ses monastères et de ses créations.
D'ailleurs le premier avait eu à surmonter toutes
les difficultés qu'entraîne une première création, et
l'on sait qu'elles sont souvent insurmontables (1),
tandis que le second n'avait eu qu'à suivre les
exemples que saint Vital lui avait laissés sous les
yeux.

Mais tous les deux avaient été admirables de foi
et de sainteté. Ils ne se cédèrent rien l'un à l'autre
dans les pratiques des vertus et ils firent l'édification de ceux qui les approchèrent et les connurent.

MORT DE SAINT GEOFROY.

La mort de saint Geofroy fut elle-même un modèle d'abnégation toute chrétienne. Il avait alors
68 ou 70 ans seulement, et cependant les fatigues
toujours renouvelées pendant les seize années très
fécondes de son abbatiat, autant que les veilles sans
relâche et les mortifications qu'il s'était imposées,
aussi bien que les sévérités de l'ascétisme monas-
tique, avaient fait de lui un vieillard.

Dès la première nouvelle de la maladie de lan-
gueur et d'une fièvre violente, dont il fut atteint, il
vit accourir près de lui beaucoup de ses religieux

(1) Le poète de l'antiquité l'a hautement proclamé dans des circonstances
solennelles. *Tantæ molis erat Romanam condere gentem.*

et de ses abbés désireux de lui dire l'adieu su
prême et de recevoir sa bénédiction paternelle. Cependant les ardeurs d'une fièvre intense augmen-
tant, il se fit placer avec humilité, en présence de
tous, sur la cendre et sur le cilice, comme sur un
lit de parade. Puis, recommandant tous les siens
au Seigneur, avec une dévotion extraordinaire, il
reçut dans ces dispositions, les derniers sacre-
ments de l'Eglise. Enfin, répondant aux dernières
prières avec une complète lucidité d'esprit, il rendit son âme à son créateur, le 8 juillet 1138, dans
les sentiments les plus tendres et les plus tou-
chants de la piété (1).

Les restes mortels de saint Geofroy furent dépo-
sés d'abord dans un cercueil de pierre, placé dans
son église. Plus tard, ils furent levés de terre, avec
ceux de saint Vital : c'était la canonisation de ces
temps reculés. Peu après tous les saints de Savigny étaient transférés, en grande pompe, d'abord
dans l'oratoire de sainte Catherine, puis installés
définitivement dans la vaste abbatiale de Notre-
Dame, au rond-point du chœur.

Toutes les chroniques énumèrent quantité de
miracles accomplis particulièrement au sépulcre
de saint Geofroy.

ABBAYES ET PRIEURÉS.

L'œuvre principale de saint Geofroy a été par-
dessus tout la création de ses illustres monastères.

____

(1) Vit. B. Geuf. cap. XVII. — Chron. Savig. pp. 1 et 4.

Saint Vital avait fondé :

1° Savigny *(Savigneium)*, au canton du Teilleul, arrondissement de Mortain. 1112.

2° Le prieuré Blanc *(Albæ Dominæ)*, au Neufbourg, près Mortain. 1118.

3° Le prieuré de Dompierre *(Domnipetra)*, à Mantilly, canton de Passais (Orne). 1119.

Saint Geofroy créa de son côté :

1° Furnèse *(Furnesium)*, en Angleterre, dioc. d'York. 1126.

2° Bolbec ou Beaubec *(Bellus Beccus)*, dioc. de Rouen. 1127.

3° Villers–Canivet *(Villare-Caniveti)*, dioc. de Séez. 1127.

4° Erynagh *(Inis–Curcy)*, en Irlande, comté de Down. 1127.

5° Les Vaux de Cernay *(Valles Cernaii)*, dioc. de Paris. 1128.

6° Chaloché *(Calocejum)*, dioc. d'Angers. 1129.

7° Foucarmont *(Fulcardimons)*, dioc. de Rouen. 1129.

8° Les Dunes (   ), en Angleterre. 1129.

9° Neth *(Neath* ou *Noth)*, en Angleterre, dioc. de Landaff. 1130.

10° Saint-André-de-Gouffern *(Stus Andreas de Scoferno)*, dioc. de Séez. 1130.

11° La Boissière *(Buxeria)*, dioc. d'Angers. 1131.

12° Aulnay ou Auney *(Alnetum)*, dioc. de Bayeux. 1131.

13° Bazinwert (   ), en Angleterre, dioc.
   de St-Asaph. 1131.

14° Quarrère (*Quartera* ou *Carreria*), dans l'île
   anglaise de Wight. 1131.

15° Fontaine-les-Blanches (*Fontanæ Abbæ*), dioc.
   de Tours. 1132.

16° Cumbremer *(Cumbremara)*, en Angleterre,
   dioc. de Chester. 1133.

17° Longvillers *(Longum villare)*, dioc. de Te-
   rouanne. 1135.

18. Stratford (   ), en Angleterre, dioc. de
   Londres. 1135.

19° La Vieuville (*Vetus Villa*), diocèse de Dol.
   1137. (1).

(1) Les chroniqueurs portaient à 35 les maisons de la congrégation de Savigny au moment de la mort de saint Geofroy ; mais ils y comprenaient les filles et les nièces des monastères fondés par lui : *numeratis filia-bus et neptibus*. Ils ajoutaient encore divers prieurés, dont plusieurs furent annexés à Savigny.

CHAPITRE II

SAINT PIERRE D'AVRANCHES

MUSICIEN ET MOINE

Entre tous les religieux de Savigny, Pierre d'Avranches et Hamon de Landacob furent les plus renommés par leurs vertus (1). Cependant leurs existences, qui se sont écoulées dans le cloître, ne révèlent rien de très saillant. Ils n'occupèrent jamais le premier rang par leurs dignités ; seulement ils surent obtenir tous les suffrages par une pratique journalière de la sainteté et d'une piété extraordinaire.

Le bienheureux Pierre naquit à Avranches vers l'an 1095 (2), puisqu'il avait environ trente ans lorsqu'il se présenta à l'abbé Geofroy, en 1125. Pour le distinguer de plusieurs de ses confrères, qui portaient le même prénom que lui, on le désigna par le surnom d'Avranches, du lieu de son origine : c'était du reste la coutume à cette époque, où les familles n'avaient point adopté de nom patronimique. Ses parents paraissent avoir appartenu à la classe moyenne. Ils avaient toutefois une cer-

(1) Rob. de Monte. Ad ann. 1174.
(2) Vita B. Petri, cap. I.

taine fortune, puisqu'ils firent donner à leur fils une instruction fort distinguée. Pierre sut profiter des leçons qu'il reçut, et il fit de grands progrès dans les sciences.

Bientôt délaissant les études, il rechercha les distractions et les vains plaisirs du monde, selon l'expression de son biographe (1). Il éprouva une véritable passion pour la musique, joua de tous les instruments, et s'adonna avec frénésie à la vielle (2), qui était de très grande mode dans ce temps-là. Par le continuel exercice qu'il en fit, il parvint à un art merveilleux.

Mais un jour l'esprit saint frappa son cœur et pénétra jusqu'à lui. Il comprit la vanité des succès qu'il savait obtenir (3). Sa décision fut prompte et son choix vite fait. Savigny obtint ses préférences, parce que la ferveur et l'exacte observance de la discipline la plus régulière y étaient en vigueur et au plus haut degré (4).

PRATIQUES DU SILENCE ET DES RÉSERVES LES PLUS GRANDES

Rien ne saurait être comparé à la pureté du cœur de saint Pierre, disent ses contemporains.

La vigilance continuelle qu'il exerça sur lui-même produisit sur lui une ardeur extrême de la

(1) Vita B. Petri, cap. III.
(2) Instrument du moyen-âge, semblable au violon, et qui se jouait avec un archet. Chéruel. *Dict. hist. de la France.*
(3) Vita B. Petri, cap. III.
(4) Abbatiam Savigniacensem ad hoc præelegit utpote quæ religionis fervore et bonâ opinionis odore extitit et sanctitate exemplar.

béatitude (1). Sa persévérance dans cette conduite fut telle qu'il devint un modèle pour ceux qui l'entouraient. Son historien nous enseigne, au surplus, les moyens qu'il employait : le silence devint sa règle invariable. En cela, il suivait les prescriptions de saint Benoît, qui a voulu que les religieux de son ordre pussent ainsi s'entretenir avec Dieu et le plus souvent possible avec lui (2). Le B. Pierre s'appliqua donc à observer les préceptes de saint Jacques (3) : « que chacun soit prompt à écouter, lent à parler. » Et encore cette autre exhortation : « si quelqu'un de vous croit être religieux et ne retient pas sa langue, comme avec un frein, mais séduit lui-même son cœur, sa religion sera vaine et infructueuse : celui qui n'offense personne par les discours est un homme parfait. »

Et tentant l'application de ces principes fort sages, il essaya d'atteindre à la perfection chrétienne. Il usa même d'une telle réserve, que jamais, depuis son entrée dans les cloîtres, il ne marcha que la tête baissée et les yeux fixés vers la terre, avec une sévérité telle qu'il ne leur accordait pas la moindre liberté. Bien plus, il ne se permit jamais le moindre sourire, ni la plus simple expression de joie, vertu d'autant plus grande chez lui, dit son historien, qu'autrefois il s'était fait remarquer par son exubérante gaieté, par ses chants joyeux et par ses symphonies musicales (4).

(1) Vita B. Petri, cap. VI.
(2) Vita, id., c. V.
(3) Jacob, 1 et 3.
(4) Tanto majoris erat virtutis, quanto in seculo in musicis et canticis delectabatur. Vit. B. Petri, cap. VII.

SAINT PIERRE MÉPRISE LES FAVEURS, RECHERCHE LES PLUS HUMBLES EMPLOIS ET OBTIENT LE DON DES LARMES

Bientôt la grande réputation de sainteté de Pierre avait franchi l'enceinte de l'abbaye. Son nom avait été prononcé à la cour des rois Henri d'Angleterre et Louis VII de France ; il y était connu, respecté, et l'on n'y parlait de lui qu'avec une sorte de vénération. Un jour que le B. Hamon s'était rendu à Domfront, auprès d'Henri II, pour des affaires concernant les intérêts de Savigny, le roi lui fit ses recommandations spéciales pour le saint religieux. Mais celui-ci n'accueillit qu'assez froidement les compliments flatteurs venus du souverain puissant. Pierre n'y répondit même qu'avec une certaine sévérité. Nous irions jusqu'à dire que parfois Pierre eût été d'un caractère presqu'intolérant et tranchant, s'il n'eût su se dominer. C'est ce que son historien autorise à penser, lorsqu'il établit une sorte de parallèle entre lui et le B. Hamon, qui fut toujours son ami dévoué : *Petrus Abrincensis, qui crimina rasit ut ensis, Hamo colombinus, pius, patiens et ovinus* (1). Ces expressions « doux comme la colombe, pieux, patient et résigné à l'instar de l'agneau », font un portrait merveilleux de saint Hamon ; mais n'anticipons pas.

Pierre, au surplus, se distingua toujours par une grande humilité. Il ne rechercha que les emplois les plus humbles dans l'abbaye, au milieu de ses

____

(1) Vit. B. Petri, cap. VIII.

collègues. Ce fut comme par faveur qu'il revendiqua de ses supérieurs le soin de panser les plaies, souvent très répugnantes, des malades et des infirmes, et qu'il voulut leur prodiguer ses secours. Il y trouva souvent de bien vives consolations, et l'hagiographe va jusqu'à affirmer qu'il reçut de Dieu le don des larmes (1).

SA MORT.

Cependant saint Pierre, après trente années accomplies dans le monde et cinquante passées dans les austérités claustrales, venait d'atteindre l'âge de quatre-vingts ans.

Il était devenu si infirme, sur la fin de sa vie, qu'il fut réduit à ne plus sortir de l'infirmerie et à ne suivre que par la pensée les pratiques ordinaires de la communauté. Le moment de sa mort prochaine lui était présagé par des défaillances et par un épuisement successif de ses forces naturelles (2).

Entouré de tous les religieux du monastère, il rendit le dernier soupir (3) le 24 décembre 1172 (4).

Convaincus de la sainteté de Pierre, ses frères ne voulurent pas déposer ses restes mortels dans leur

(1) Vit. B. Petri, cap. X.
(2) Vit. B. Petri, cap. XII.
(3) Disparuit et ad cælestis rediit. Vit. B. Petri, cap. XV.
(4) Seguin, de Viris illust, ord. Cisterc. — Menol. Cisterc. — Annal. Cisterc. — Mainardus. Martyr. Bened.

cimetière commun. Ils les placèrent dans un lieu honorable de leur église. Dix années plus tard, en 1181, le pieux abbé Pierre de Clairveaux et le vénérable Simon, abbé de Savigny, levèrent ses insignes reliques et les transportèrent dans l'oratoire de sainte Catherine, du côté de l'évangile, avec les autres Bienheureux de Savigny.

Le nom de saint Pierre d'Avranches se rencontre, comme témoin, dans plusieurs chartes de l'abbaye, notamment en 1162, lors de l'entrée en religion de la dame de Ferrières au prieuré Blanc, ainsi qu'en 1163, lorsque Richard Batard se fit moine à l'abbaye de Savigny (1).

Saint Pierre d'Avranches fut de son vivant favorisé du don des miracles, d'après son historien. Après sa mort, outre ceux qui lui ont été communs avec les autres saints du monastère, on lui en attribue encore quelques-uns qui lui sont particuliers (2).

(1) Cartæ Savig.
(2) Lib. de Mirac. S. S. Savig. — Lib. de trans. S. S. Savig.

CHAPITRE III.

———

SAINT HAMON DE LANDACOB

———

SON ENFANCE, SON INSTRUCTION, SA SCIENCE.

Nous connaissons déjà saint Hamon que le
chroniqueur a qualifié *columbinus et ovinus*, tant
il fut remarquable par son caractère. Sa vie nous a
été conservée; nous n'avons qu'à la consulter pour
en rappeler les points les plus saillants d'une piété
et d'une vertu à toute-épreuve. Cette biographie a
été attribuée à Etienne de Fougères, évêque de
Rennes, auteur de la vie de saint Vital, mais c'est
une erreur, puisque le religieux qui l'a composée,
en offrant l'hommage de son récit au Révérend
Père Abbé, qui la lui avait demandée, parle en ces
termes : « Je crois avoir satisfait à ce que vous
avez désiré de moi » (1). L'orignal en était catalogué
à l'inventaire des manuscrits de Savigny, dressé
en l'année 1240.

Hamon était né dans la province de Bretagne (2),
au village de Landacob (3), situé en la paroisse de

———

(1) Hæ ab eo extorsitis, rogatu vestro, Vit. B. Hamonis, prologus.
(2) Oriundus fuit in minori Britanniâ. Vit. B. Ham. I.
(3) Ce nom est reproduit avec les orthographes Lendecop, Landecop,
Landacop, Landachop.

Saint-Etienne-en-Coglais (1) près de Fougères, au diocèse de Rennes. Sa naissance doit remonter aux premières années du XII⁰ siècle, puisqu'il mourut en 1173, âgé de 70 à 72 ans, après cinquante ans de profession religieuse. Quand il était entré à Savigny, en 1125, il devait donc avoir à peu près vingt-trois ans. Dans l'abbaye, on ne l'appela jamais que Hamon de Landacob, et ce nom se trouve même reproduit dans diverses chartes (2).

Dès son jeune âge, il se montra d'une douceur extrême et d'une rare application à l'étude. Plus tard, il se fit même distinguer parmi ses condisciples, autant par sa piété que par son savoir dans les sciences théologiques (3). On dit qu'entré à Savigny, et lorsqu'il eut prononcé ses vœux ecclésiastiques, il y composa douze savants ouvrages sur l'écriture sainte, qui furent longtemps conservés avec vénération (4). Montfaucon indique l'un d'eux sous le titre « Expositio Haymonis in Isaiam, » (5) mais Dom Claude Auvry déclare ne l'avoir jamais vu (6).

PÉNIBLES ÉPREUVES SUBIES PAR D. HAMON.

Les premiers temps de son noviciat lui furent particulièrement difficiles. Des propos malveillants

(1) On orthographie plus souvent ce mot Coglès.
(2) *Hist. de la Congrégation de Savigny*, folio 569.
(3) Séguin. *De Viris illust.* Ord. Cisterc. 1. 3, c. 67. — Manrique. *Annal. cist.* ad ann. 1148.
(4) *Histoire littéraire de la France*, t. XIII, p. 592.
(5) Bibl. bibl. nova Mss. t. II, p. 1342.
(6) Hist. Mss. de la congrég. de Savigny, f⁰ 155.

s'étaient répandus à Savigny sur son compte. Il était soupçonné d'être atteint de la lèpre, et ce bruit se propagea même au dehors. Tardivement prévenu de ce faux bruit, il alla trouver aussitôt l'abbé Geofroy ; il lui demanda avec instance d'être attaché au service de deux religieux de la maison, qui étaient frappés de cette affreuse maladie, persuadé que, même au siège du mal, il n'en serait pas frappé. Par-dessus tout il craignait d'être renvoyé dans le siècle. Ce fut donc avec joie qu'il se vit accorder sa supplique, et qu'il se soumit à une aussi rude épreuve.

Bientôt il fut reconnu qu'il avait été la victime de calomnies, retiré par l'abbé de la maison de santé, appelée Le Desert, et admis à faire sa profession. Son zèle et sa ferveur s'accrurent alors à un tel point qu'il fut pris pour modèle par les autres religieux. Saint Geofroy, du reste, avait dès longtemps su apprécier si bien ses éminentes qualités, sa science et ses vertus, qu'il fit choix de Dom Hamon pour l'un des confesseurs ordinaires de la communauté (1). Dans ce saint ministère, tout nouveau pour lui, qui réclame des connaissances spéciales, d'une délicatesse excessive et un tact parfait, il se montra supérieur et ne fut peut-être jamais surpassé par personne (2).

Bien plus, dans diverses circonstances, il fut chargé par les abbés qui se succédèrent à Savigny, de missions importantes, même auprès du roi

<hr>

(1) Vita B. Hamonis. cap. XI.
(2) Vita B. Hamonis, cap. XI. — Cisterc. ordinis. annal.

d'Angleterre Henri II, et de plusieurs prélats. Il semble avoir été, pendant bien des années, le mandataire spécial de l'abbaye de Savigny, particulièrement pour des affaires d'un haut intérêt. Dom Hamon dut avoir dans ses attributions la spécialité des négociations extérieures, et il dut recevoir de ses chefs une main-levée spéciale à la restriction de la clôture, car en principe les moines ne pouvaient rigoureusement pas sortir du monastère.

Ainsi, en l'année 1157, Henri II étant à Domfront, accorda de beaux privilèges à Savigny ; il en remit la charte à D. Hamon.

Un an plus tard, en 1158, Guy de Laval, en présence de Hamon, rédigeait une circulaire qu'il adressait à tous ses officiers fiscaux à propos des exemptions concédées par lui au monastère.

Il fut encore témoin à la donation faite en 1160, par Robert de Vitré, de la terre et du prieuré de Fayel.

Hamon fut présent, le 5 novembre 1160, à la sentence que rendit l'évêque du Mans, dans son palais épiscopal, au sujet des dîmes de Fougerolles, ainsi qu'à l'abandon qu'en consentit Bermont, abbé de Notre-Dame de Lonlay.

Plus tard et la même année, Robert III, de Vitré, fit une nouvelle donation à Savigny, dans laquelle est cité D. Hamon.

A Mortain, un dissentiment étant survenu entre l'abbé de Savigny et le chapitre de la collégiale de Mortain, il intervint une transaction, en 1161, dont

Hamon fut l'un des négociateurs et des témoins.

Enfin, en 1162, il souscrivit encore, ainsi que son fidèle ami, saint Pierre d'Avranches, à l'acte capitulaire de la prise d'habit de Richard Batard, seigneur temporel de la paroisse de Savigny. Les mêmes religieux signèrent la confirmation que consentit le baron de Fougères des donations qu'avait souscrites son subordonné (1).

EXTASES ET APPARITIONS.

Ce qui nous a paru surtout extraordinaire chez D. Hamon, ce sont les extases très nombreuses dont il fut l'objet. Son historien raconte avec détails les merveilleuses apparitions, dont il faisait sans cesse le récit à ses frères assemblés.

C'était presque toujours au milieu de son oraison, ou quand il célébrait les saints mystères de la messe, qu'elles lui survenaient. -Il restait alors longtemps absorbé dans ses contemplations des choses divines, qui le détachaient des objets sensibles jusqu'à rompre la communication de ses sens avec tout ce qui l'environnait. Parfois, il voyait autour de l'autel des nuées d'anges innombrables qui portaient vers Dieu son offrande et la lui faisaient agréer. D'autres jours, Dieu, sur son trône éclatant de lumière, entouré de son Fils et du Saint Esprit, le contemplait et lui souriait avec faveur. Il voyait encore de toutes parts, une autre fois, des langues de feu, plus ardentes que le so-

____
(1) Chartes originales de l'antique abbaye de Savigny,

.leil, apparaître autour de l'autel où il était, et les circonstances miraculeuses de la Pentecôte se renouvelaient pour lui. Souvent aussi c'étaient les scènes les plus dramatiques du Chemin de la Croix et celles de la Passion de Notre Seigneur, qui se déroulaient lentement sous ses yeux.

Pendant ces extases qui duraient souvent des heures entières, les religieux avaient terminé leurs offices. Hamon revenant à lui, se retrouvait seul au milieu du silence. Alors il faisait devant tous la narration des merveilles qu'il avait observées dans ses contemplations.

En un mot, ce saint religieux, plein de foi, est un des mystiques les moins connus et peut-être un des plus célèbres de son temps. Et pour le dire en passant, c'est rendre un véritable service à l'histoire, que de faire revivre la mémoire vénérée de ces moines ensevelie dans l'oubli depuis des siècles.

Il suffit de lire la vie de saint Hamon pour se rendre compte de la part importante qu'y tient le surnaturel. Son biographe semble se complaire dans la narration des faits merveilleux qui forment comme la trame de son récit. Nous ne pouvons les rapporter tous ici, nous nous contenterons d'en rapporter deux seulement. Quand, par exemple, il reproduit les conversations de saint Hamon avec saint Pierre d'Avranches, sur son lit de douleurs et près de mourir, qu'il lui demande avec instance de lui faire connaître, par des preuves certaines, indéniables, qu'il avait été reçu par Dieu, couronné

de gloire, et qu'il siégeait auprès de l'Eternel ;
quand peu après sa mort, il raconte l'apparition,
dans l'oratoire de sainte Catherine, de saint Pierre,
rangé au milieu de la cour céleste, et qu'il proclame
la sainteté de celui-ci, il n'est plus possible de
méconnaître le mysticisme caractérisé dans ses
conditions les plus absolues.

FONCTIONS DIVERSES

Dom Hamon fut choisi pour être le maître et le
directeur des frères convers. Il eut encore la garde
du dépôt des reliques de l'abbaye. Enfin, à lui re-
vint la charge des distributions de secours aux
pauvres qui se présentaient au monastère. En tout
et partout il donna des témoignages d'une véritable intelligence et il multiplia ses bonnes œuvres.
Mais sa plus vive sollicitude et son désir le plus
ardent fut de voir travailler à une nouvelle église
qui serait la splendeur de Savigny. Certes il ne
pouvait se bercer de l'espérance de la voir terminer.
Le temple de saint Vital tombait en ruines ; l'oratoire de sainte Catherine, dans lequel la communauté célébrait l'office divin depuis quelques années, était insuffisant : il devenait indispensable
que l'abbaye eût un édifice digne d'elle. Cette joie
lui fut accordée, car les fondements de la basilique
de Notre-Dame furent jetés dès son vivant, et il
eut l'inénarrable satisfaction d'avoir provoqué de
riches offrandes pour cette destination pieuse (1).

(1) *Histoire de la Congrégation de Savigny.* Mss. f. 416. — Vit. B.
Ham. sub finem.

MORT DE SAINT HAMON

Dieu éprouva son serviteur par de violentes maladies et par un affaiblissement progressif qui ne lui permettait plus, ni de se tenir debout, ni de rester couché. Il se prépara donc à la mort avec toute la ferveur et l'ardeur possibles. Même dans cette situation, il fût consolé par plusieurs extases.

Il mourut enfin le deuxième jour des Calandes du mois de mai, c'est-à-dire le 30 avril 1173. Ses confrères le regrettèrent sincèrement, car, au dire des chroniqueurs, « il était aimé et chéri de Dieu et des hommes à cause de sa grande piété, de sa sainteté et des bonnes œuvres qu'il exerçait envers les pauvres (1).

Le Ménologue de Citeaux fait de saint Hamon le plus bel éloge dans ces termes : « *Il menait une vie plus angélique qu'humaine !* »

Du vivant de saint Hamon, il avait, selon les chroniques, accompli plusieurs miracles, mais il en avait toujours attribué le mérite aux reliques dont il était constamment porteur. Après sa mort il s'en opéra encore à son tombeau.

Le pieux abbé de Clairveaux, assisté de l'abbé Simon, leva son corps de terre, et il en fit la translation dans l'église de Sainte-Catherine, comme des autres bienheureux de Savigny, le 30 mars 1181.

(1) Robert de Monte. Append. ad Sigebert. ann. 1174. — *Chron. Savig.* p. 2 et 5.

CHAPITRE IV.

SAINT GUILLAUME NIOBÉ

De tous les bienheureux de Savigny, Guillaume est le seul qui n'ait pas trouvé de biographe : il en résulte qu'il est de toute impossibilité de le bien connaître aujourd'hui. Une seule chose nous est parfaitement acquise, c'est que ses restes mortels furent élevés au-dessus des dalles du sanctuaire (1) par les trois évêques d'Avranches, du Mans et de Rennes (2) ; qu'ils furent transférés plus tard dans l'église de Sainte-Catherine, et que de là, ils furent reportés au rond-point de la basilique de Notre-Dame, dans un cénotaphe placé entre ceux des SS. Geoffroy et Hamon. Jusqu'à la fermeture de l'illustre Abbaye, chaque année, le 1er mai, les reliques de saint Guillaume étaient exposées publiquement à la vénération des populations et promenées en une procession solennelle devenue renommée dans les provinces voisines (3).

Le culte de saint Guillaume était donc certain,

(1) Corpus unà cum aliis sanctis, pignoribus, elevatum de terra, et honorificentius repositum.

(2) Arthurus du Moustier. *Neustria Sancta.* Mss. inédit de la Bibliothèque nationale, fonds latin, n° 10051, folio 308.

(3) Ejus sacrum corpus venerandum exponitur et defertur. Art. du Moustier, id. id.

et sa fête se célébrait le 20 octobre (1). Ce bienheureux était en grand honneur (2), répètent les chroniqueurs (3).

A l'appui de ces assertions, nous pouvons encore nous appuyer sur les déclarations de Raoul de Fougères et sur les affirmations qu'il donna lui-même au Souverain Pontife Innocent IV, lorsqu'en l'année 1244, il voulut se porter garant auprès du Saint-Père des miracles opérés journellement, et qu'il avait vu de ses propres yeux s'accomplir aux tombeaux des saints de Savigny (4). Dans cette missive restée inédite jusqu'ici, Raoul énumère lui-même les noms des bienheureux du monastère; il donne à chacun d'eux leurs titres et leurs qualités : *Vitalis primus abbas, Gaufridus, abbas secundus, Petrus et Hamo, monachi et Guillelmus, dictus Niobé, heremita* (5). Cette dernière qualification est pour nous toute une révélation: retenons-la.

Quelques annalistes et entre autres Séguin (6), Manrique (7), du Moustier (8), le monologue de Citeaux (9), etc., etc., ont prétendu que Guillaume avait été l'un des abbés de Savigny. Dans le monastère, on a toujours dit que c'était là une erreur ; que ce bienheureux, après avoir été ermite pen-

(1) De Buck. Acta sanctorum. Oct. VIII, folio 1008.
(2) Honorificentius. Art. du Moustier. Loco citato.
(3) *Chron. Savigny.* — Séguin. — Manrique, etc. — Voir note 2.
(4) Multa et celebra miracula, nos metipsi vidimus Ad Innocentium IV, carta originalis. Archives nationales.
(5) Même carte originale.
(6) De Viris illust. ordin. Cisterc.
(7) Martyr. Benedict. an. 1143.
(8) Neustria Pia.
(9) Monolog. Cistere.

dant longtemps, était entré à Savigny et qu'il y mourut.

L'affirmation de Raoul de Fougères a dès lors une certaine importance pour nous, car elle nous met sur la voie de la vérité. Elle remonte à une époque lointaine et à une grande antiquité ; elle mérite plus de confiance que les indications d'auteurs relativement modernes. Dom Cl. Auvry, lui aussi, classe saint Guillaume comme simple novice à Savigny. Il affirme de plus que sa mort remonte à l'année 1143 (1) : il ne dut pas même, d'après lui, terminer l'année de son noviciat.

C'est du Moustier (2) qui nous révèle le lieu de naissance de Guillaume Niobé, à Yvrandes, aux confins du Mortainais (3).

Nous ne connaissons rien au-delà de ces trois circonstances de sa vie.

Seulement, il n'est pas douteux que sa réputation de sainteté fut très grande. Il eut les honneurs de la canonisation, et il fut constamment confondu dans un même culte que tous les autres bienheureux de Savigny. Ses miracles lui sont également communs avec eux.

Dans de telles conditions, il faut reconnaître que la sainteté et les vertus de saint Guillaume ont été à l'abri de toute discussion possible, puisqu'elles ont traversé intactes les révolutions les plus violentes accomplies pendant plusieurs siècles.

(1) *Hist. de la Congrég. de Savigny.* Mss. inédit. f⁰ˢ 165 et 282.
(2) Neustria Sancta. Mss. inédit.
(3) Non procul à Landâ Putridâ, id. id.

ABBAYE BLANCHE. — ANCIENNE SALLE DU XIIe SIÈCLE.

CHAPITRE V

SAINTE ADELINE

Le R. P. de Buck, dans sa magistrale étude sur la congrégation de Savigny (1) et sur les saints de cette maison, déclare d'une façon très formelle que l'on ne sait absolument rien sur sainte Adeline. Selon qu'on veut l'expliquer, cette allégation est plus ou moins exacte. Il n'existe pas de biographie de cette vénérée sœur de saint Vital : c'est vrai. Mais on a sur elle certains détails qui permettent de dire que son existence n'est pas inconnue.

Selon les historiens, Adeline fut l'aînée des six sœurs de saint Vital. Les autres portaient les noms de Avoise, Havunde, Hadoïse, Marielde et Hameline; ces trois dernières furent, à Caen, religieuses de l'abbaye de la Trinité.

On sait que lorsqu'en l'année 1112, saint Vital eut fondé sa grande abbaye dans les immenses solitudes ombreuses de Savigny, sa sœur Adeline le supplia avec instances de lui donner un asile pour elle et pour nombre de ses compagnes, qui s'étaient déjà mises depuis un certain temps sous sa direction. Vital leur fit accueil et les ins-

(1) Act. SS. Bolland. Octobr. t. VIII, p. 1008.

talla à *La Prise aux Nonnes,* à une faible distance
de son monastère; de cette sorte, la forêt abrita
tout à la fois une maison d'hommes et une maison
de femmes. Dès son vivant, Adeline fut citée pour
ses vertus éminentes ; et plus tard, après sa mort,
elle fut honorée comme une grande sainte (1).

Il est bien présumable que ce fut au temps où
Adeline habitait la sombre forêt de Savigny, que
Marbode, évêque de Rennes dès 1096, et qui mourut en 1123, écrivit à saint Vital une lettre qui était
destinée en réalité à sa sœur. Dans cette dépêche,
il priait le vénérable directeur de recevoir dans sa
communauté de femmes, une jeune orpheline dont
la vocation religieuse était véritable, mais qui,
faute d'argent, ne pouvait obtenir son admission
dans les anciens monastères, où l'on exigeait des
dots assez élevées.

Une lettre missive qui remonte à une époque
aussi reculée est chose trop rare pour qu'elle ne
mérite pas les honneurs d'une ample traduction ;
nous la faisons avec empressement.

« Marbode, le moindre des évêques,
» A Vital serviteur de Dieu (2).
» La persévérance dans les bonnes mœurs.

» Nous avons su que votre piété s'appliquait
avec beaucoup de soin et d'affection à gagner des
âmes à Dieu, et ne cherchait point ses propres in-

(1) Dom Cl. Auvry. *Hist. de la Congrég. de Savigny.* Mss. inédit.
fo 7, préface.
(2) Le titre d'abbé n'étant point donné à Vital, nous en concluons que
la date de cette lettre est antérieure à l'année 1112.

térêts, mais plutôt ceux des autres pour contribuer à leur salut, en sorte que l'on publie partout que le Seigneur agissant par vous, vous a inspiré de fonder un monastère de femmes, afin d'étendre même votre charité et votre compassion jusqu'au sexe le plus faible.

» C'est pourquoi, mon très-cher et bien-aimé frère, je supplie instamment votre sainteté de vouloir bien recevoir, dans votre troupeau, une fille orpheline, qui désire consacrer à Dieu sa virginité ; mais étant, quant à présent, destituée de tout secours humain, parce que son père ayant renoncé au monde pour se faire religieux, sa mère n'ose pas même, à cause de sa pauvreté, aspirer à la mettre dans les monastères riches et bien fondés. Quoique cette fille soit bien instruite et très propre à la religion, elle ne peut parvenir à trouver place dans les anciens monastères, où, par une pernicieuse coutume qui est devenue commune, on préfère l'argent à la science et à la piété.

» Ainsi, j'ai cru que pour obtenir ce que je souhaitais, je devais avoir recours à votre piété, que je ne doute pas être exempte d'une telle corruption. Accordez-moi donc, mon très doux frère, ce que je vous demande, non tant pour l'amour de moi, que pour l'amour de celui qui est le père des orphelins et le juge des veuves, à la condition néanmoins que si vous croyez que ma bassesse puisse vous rendre quelque service, je le ferai de bon cœur. » (1)

(1) Œuvres de Marbode. Epistola V. Édition du R. P. Beaugendre, 1708.

4.

Il nous est appris encore, par les Chartes, qu'en 1118 (1), Vital ayant obtenu la restitution par l'abbé de Saint-Etienne de Caen, de l'aumône de Mortain, située au Neufbourg, près de cette ville, ses premiers soins furent d'y transférer dans les années qui suivirent, en 1120 probablement, Adeline et ses religieuses de la Prise aux Nonnes.

Des constructions qui furent faites à cette époque, il subsiste encore, à quelques mètres à peine, dans un jardin, au nord de l'église du Neufbourg, un chevet de chapelle avec ses deux petites fenêtres geminées et étroites, larges et hautes comme des meurtrières, mais romanes et surmontées d'un oculus. Car il ne faut pas s'y tromper, le prieuré de la Blanche demeura et subsista dans cet endroit pendant un siècle au moins et même un peu plus. Nous l'avons déjà dit en 1851 (2), et nous insistons sur ce point, il ne fut définitivement installé sur la rive opposée de la rivière de Canse, et là où existe le petit séminaire diocésain actuel, que vers les années 1200 ou même 1220, c'est-à-dire après la confiscation de la Normandie sur Jean sans Terre (1204), et lorsque Philippe Hurepel, comte de Mortain (1212-1233), et fils du roi Philippe-Auguste eut, par une administration sage et généreuse, réparé les désastres qu'avaient provoqué les agitations d'un état de guerre presque continu au siècle précédent.

(1) *Gallia christiana*, t. XI. Inst. Abrincensis episcop. col. III, n° 10.
(2) Sauvage. *Recherches historiques sur l'arrondissement de Mortain.*

La presque totalité des vastes édifices de Savigny étaient du style roman. Ses cloîtres, ses réfectoires, sa basilique même de Notre-Dame, dont la dédicace fut faite en 1220, appartenaient aux temps de Richard Cœur de Lion et de Jean sans Terre. Il est donc parfaitement admissible que les constructions de la Blanche leur fussent contemporaines. Les substructions et le chevet de son église sont effectivement circulaires ; les galeries de son cloître, qui subsistent toujours, le sont également. On n'observe de nombreuses traces du style de transition que dans les parties supérieures de son architecture. Les arcades et les voûtes sous la tour centrale des intertransepts sont en pointe et reposent sur quelques faisceaux fort élégants de colonnes, dont les chapiteaux normands produisent un très bel effet. Il est certain enfin, que les petites arcades circulaires des galeries du vieux cloître et leurs sveltes colonnades présentent tous les caractères que l'on attribue généralement en Normandie, au style en pratique dans les dernières années des règnes de Henri II et de ses fils (1).

Ces données conjecturales nous autorisent donc à dire qu'un siècle durant, le prieuré Blanc resta au Neufbourg. Sainte Adeline dut vraisemblablement y mourir. Après sa mort, vers 1125, son corps fut apporté à Savigny et déposé dans le même sépulcre que celui de saint Vital (2). C'était de la part des religieux une preuve indubitable de la véné-

(1) Gally-Knight. *Voy. archéolo. en Normandie*, 1836, p. 84.
(2) Dom Cl. Auvry. *Histoire de la Congrég. de Savigny*, p. 7. Préface.

ration profonde que sainte Adeline avait su leur inspirer, en même temps qu'un témoignage de reconnaissance pour saint Vital, leur pieux fondateur. Bien évidemment s'ils n'avaient pas, dès ce moment, reconnu la sainteté des deux personnages, ils n'auraient pas commis la faute de mêler le *profane avec le sacré*. Aussi, quand les cérémonies de la canonisation furent observées pour le frère, elles le furent en même temps pour la sœur, et l'un et l'autre furent transférés le même jour à Sainte-Catherine. Seulement le sarcophage de sainte Adeline ne fut apporté à Notre-Dame, dans la grande nef, que vers l'année 1720. Quelques années après, il y fut entouré d'une belle grille, qui défendait l'accès de sa chapelle (1).

Le livre des miracles des saints de Savigny parle plusieurs fois de ceux auxquels sainte Adeline a participé.

(1) Sauvage. *Saint Vital et l'Abbaye de Savigny*, p. 62.

CHAPITRE VI.

—

NOS GRAVURES

—

1° ARMOIRIES DE L'ABBAYE DE SAVIGNY

Nous les reproduisons d'après le cachet, en cire rouge, que nous avons souvent trouvé sur les correspondances du monastère.

D'après l'Armorial général de d'Hozier (Bibliothèque nationale, Manuscrits), cet écusson se décrivait : d'or, à la tige de fougère de sinople, à sept branches ; la tige issant ou sortant d'une S majuscule de sable.

L'écusson était surmonté de la crosse et de la mitre abbatiales. La mitre avait été accordée aux abbés de Savigny par le Pape Martin V en l'année 1418.

2° SALLE DE L'ABBAYE-BLANCHE AU XIIIᵉ SIÈCLE

Cette salle qui accède au transept droit de l'église de l'abbaye existe toujours. Le dessin en a été publié par de Caumont, dans son itinéraire de Caen à Rennes (*Annuaire de l'Association Normande*).

TABLE

Pages

MORTAIN. — IMP. A. LEROY.